마음들이 속삭이는 오솔길

2024 이종순 · 김경정 · 김지호 · 민원기 · 서정우 · 5人5色 詩選集

마음들이 속삭이는 오솔길

도서출판 신정

‖축시‖

다섯 빛깔로 쓴 시

김 정 국

그대에게 시를 씁니다.

하얀 빛깔로 쓴 시를 보시면
이 사람 속에 눈이 참 많이도 쌓였구나
하얀 꽃비도 마구 흩날렸구나
생각하세요

빨간 빛깔로 쓴 시를 보시면
이 사람 속에 불덩어리가 여태 타는 구나
그때의 피가 지금도 흐르네
생각하세요

초록 빛깔로 쓴 시를 보시면
온갖 세상살이를 벗고
초록빛 물들며 살리라
이 사람이 내내 했던 말을
생각하세요

노랑 빛깔로 쓴 시를 보시면
마음마저 노랗게 물들어

달빛 나그네처럼 떠돌다가
어느 노을에 앉아
노랠 부르던 이 사람을
기억하세요

그리고
까만 빛깔로 쓴 시를 보시면
시를 쓰다가
까맣게 속이 타고
수많은 밤을 지새우더니
겨우 한 줄의 시를 썼구나
생각하세요

오늘
사랑하는 그대에게
시를 보냅니다.

이 사람이 그리워
다섯 빛깔의 시를 읽다가
좋은 향기 나거든
저의 이름 두 글자를 떠올려 주세요
시향(詩香)……

차례

● 축시 | 김정국 / 6

이종순

가버린 친구에게 …………………… 11
고백 ………………………………… 12
동장군 ……………………………… 13
지하 주차장 ………………………… 14
봄 마중 ……………………………… 15
매미 오줌 …………………………… 16
부모 ………………………………… 18
비 …………………………………… 19
소리 없는 이별 ……………………… 20
앞마당 ……………………………… 21
아버지의 커피 ……………………… 22
우산 ………………………………… 24
이별의 편지 ………………………… 25
일어나자 …………………………… 26
초록 여름 …………………………… 27
태풍 ………………………………… 28
복사꽃 당신 ………………………… 29
어쩌라고 …………………………… 30
돌고 있는 천장 ……………………… 31
양촌리 커피 ………………………… 32

김경정

지독한 사랑 …… 33
요즘 나는 …… 34
여름 손님 …… 35
꽃단장 …… 36
봄 …… 37
새 …… 38
불면증 …… 39
꽃 …… 40
안녕 …… 42
중년 …… 43
당신의 신발 …… 44
기도 …… 46
한겨울 …… 47
가을 기다림 …… 48
고양이 …… 49
이별 커피 …… 50
화 …… 51
끈질긴 것들 …… 52
항아리 …… 53
노화 …… 54

김지호

오늘의 선물	55
사람이 아름다운 이유	56
오늘	57
엄마의 손톱 때	58
별	59
화가	60
화려하지 않아도	61
행복은 두려움의 꼬리를 달았다.	62
꽃을 선물할 수 있는 이유	63
심장	64
꽃과 나무와 당신	65
시절인연	66
여름, 같이 놀까요?	67
기도	68
흔함의 무게	69
솜사탕	70
시작, 끝	71
엄마는 마법사	72
봄, 꽃이 피다	73
네모난 테이블	74

민원기

삶의 행복 ················· 75
지혜의 나침반 ············· 76
매화 ······················ 77
봄 처녀 ··················· 78
우리의 꿈으로 가는 길 ····· 79
화엄사 풍경소리 ··········· 80
난초 ······················ 81
내면의 평온함 채우기 ······ 82
삶의 향기 바람을 타고 ····· 83
코스모스 ·················· 84
국화 ······················ 85
대나무 ···················· 86
불굴의 의지 ··············· 87
아침 운동의 즐거움 ········ 88
인생은 여행 ··············· 90
등불 밝히는 스승 ·········· 92
비익조(比翼鳥) ············ 94
월계수의 틀 ··············· 95
빼뽀쟁이 ·················· 96
가을 풍경 속에서 ·········· 97

서정우

가끔...	98
가을 낙엽	99
그대를 꽃이라...	100
기다림	101
꽃잎 떨어지던 날	102
낙화는...	103
너 땜에...	104
능소화야!	105
당신	106
봄비	107
봉숭아 숲	108
비	109
소쩍소쩍...	110
안개는 센스 쟁이	111
접시꽃	112
오~ 필승 코리아~	113
아~대한민국 위대하여라	114
지구촌 아리랑	115
한... 한반도	116
아~ 님이여...	117

● **발행인의 말** ······ 118

가버린 친구에게

이종순

거긴 어때
아프진 않아
보고 싶지 않아
묻고 있잖아

잘 있다고
아프지 않다고
보고 싶다고
해 주면 안 되니

산등성이 붉은 옷 걸치고 넘어가는 해가
너의 얼굴처럼 곱다

환한 미소 속 너의 덧니가 이젠 아련해져 간다
폭장 대소하며 배를 잡던 너의 모습도 희미해져가다

저 멀리 달아나 버린 너의 얼굴을 그려
보석 상자 속에 넣어 둔다

먼 훗날 언제라도 널 볼 수 있게

고백

바람처럼 지나가 버린 버스
다시 오지 않을
봄을 가지고 떠났네

얼어붙은 마음 열고 보니
평생
할미꽃처럼 훔쳐보다
소풍길 가신
가여운 여인이 보이네

걱정
근심 걱정 하지 않게 살면
효녀인 줄 알았네

엎어진 잉크 자욱 위
마지막 올리는 한 잔의 소주
빙하수 되어 넘어온다

동장군

간밤에 내린 서릿발 위
퇴색된 시간들의 추락은
무너진 계절의 절규
무서운 동장군의 기세

발그레 넘어가는
먼 석양의
포근하고 따스함은
익어가는 시간의 잉태인가
부끄러워 붉게 물든 내 두 뺨인가

못내 아쉬워
기어이 거친 숨소리 휘어 감고
서릿발 내리던 동장군도
땅속에 꿈틀대는 입춘 기운에
괜스레 서럽다 작별을 한다

지하 주차장

찌이익 찌익
아야 아야
내 얼굴 아파 죽것소

끼이익 끼익
조금만 살살 돌려주시오
내 살갗 아프다오

어둡고 외로운 몸뚱이
곱게 단장한 얼굴
어찌 그리 야속히 밟으시오

조금만 천천히 지나치면
아니 되오
혈이 성성하니 아프다오

고운 살갗 떨어지면
이녁 주머니 텅 비는 것 아시오

아장아장 걸음마 하는
아가야 머리 쓰다듬듯
살살 지나주소

봄 마중

향긋한 바람에도 시린 눈
살짝쿵 설렘으로 치유하고

순결한 봄바람
가시내 궁둥이 달싹달싹

수줍던 아낙 간데없고
흰 눈 소복이 내려앉은
아낙네 머리 위
봄 햇살 가득

물안개꽃 이련가
목련꽃 이련가
바람이 싣고 온 향기에
봄의 풍악 울려온다

매미 오줌

운동길에 들려오는 매미 노랫소리
점점 짙어지는 수컷 매미의 쩌렁쩌렁한 테너 소리
맴맴맴맴 찌르르르
맴맴맴맴 찌르르르
간간이 들리는 참새 소리 화음이 되나 싶다가
화난 듯 도돌이표를 달고 큰 소리로 목이 터져라 울어 댄다
발걸음이 빨라지고 더위와 습도에 앉을 곳을 찾는다
빨강, 파랑, 초록, 노랑의 평상 위에 커다란 파라솔이 알록달록 펼쳐있다
약간의 햇살도 지금은 싫다 그늘이 필요하다
울창한 나뭇가지 늘어진 평상은 만석이다
저 멀리 두 사람 앉을 벤치 위엔 파라솔 대신
벚나무 이파리 짙은 군복을 두르고 있다
매미 녀석 여기서도 울어 댄다
포기하고 땀을 닦으니 마른하늘에서 빗방울이 떨어진다
하늘을 올려다보니 파란 쪽빛에 솜사탕이 너부러져 있다
소나기를 생각 한다
만석의 평상 위엔 아무도 일어 날 기세 없다
연약한 여인 덥다고 빗님이 특혜를 준 걸까 한다
초록 군복 속 매미 녀석들 밉살스레 울어대어
그만 좀 울라 소리치니 사랑이 고파 운단다
어쩌겠나 해 줄 수 있는 것은 없으니 아무 말 못 하고

내가 일어서야지
돌아서 걷는 걸음 사이 전화가 울린다
나만 운이 좋아 빗방울로 땀을 씻었다 하니
매미 오줌이라 한다.
이런 날벼락이 있나
매미에게 오줌 벼락을 맞다니

부모

별똥별처럼 스치는 얼굴
허공에 손을 들어 흔들어도
보이지 않는 얼굴

부르고 싶고
안겨 보고 싶은 사람이여

그리움이 사무쳐
겨우내 찬 서리로 다가와
콧잔등 할퀴고 간 야속함이여

당신 향한 애달픈 추억
동지섣달 짙은 밤
별똥별 되어 떨어진다

비

바람에 흔들리는 춤사위

초록 물 가득 마음을 채우는
울 아베 시원한 부채질
그리움 되어 춤을 춘다

첫 사랑 그리운 마음

흐느껴 쏟아 낸
눈물 비
우산 하나 꺼내들어
비와 함께 춤을 춘다

산책길 수국들 빗속에 파르르

흔들리는 능소화의
멈추지 않는 너울춤이
초록 숲 무대에 화답 한다

소리 없는 이별

풀 바람 끝에 스며드는 녀석
어느 사이 가버린 뜨거운 너

야야
소리 없이 그냥 가 버렸구나

하늘땅 둘러봐도 보이지 않고
담 넘어 저편에 귀뚜라미 소리
물 들인다

뜨거운 너는 어디 가고
들국화 향이
흔적을 매우나 보다

앞마당

돌아보니 모든 게 그리움이다

네가 있던
쪽빛 하늘 담긴 마당이 그립고
나뭇잎 사이 작은 새 노랫소리 그립다

화사하게 꽃망울 터트렸을
앞마당 철쭉도 그리움이어라

발그레 잠 깬 옥잠화의
얼굴이 미소 지어 유혹한다

너는 없고 나만 남은 공간
회색빛 성냥 갑 속 불빛이 앗아간
너의 자리

너는 영원한 그리움이다

이종순

아버지의 커피

코끝에 느껴지는
강하고 부드러운 향

쓰디쓴 탄약 매일 마신다
쏘아붙이는 잔소리
뒷전으로 흘리고

한 모금
또 한 모금씩
행복하게 드시던
부처님 미소 같으신 얼굴

60여 회의 봄을 맞이하고 야
제대로 느껴지는
씁쌀한 향기와 그리움

이 속에 나의 하늘이 담겼네

추억의 그날들이 밀물처럼 밀려드는
그리움...
커피 한 잔에 부처님의 미소가

그리움으로 허전한 가슴엔
엄마의 잔소리가 바가지가 되었던
그날들이 너울처럼 밀려온다.

우산

한 쪽 어깨가 젖어도
하나만 쓴다

가슴에서 들리는 심장소리
천둥이 되고

설레는 한쪽 손
살짝 허리춤을 감싸니
뜨거운 온기 손끝에
다가온다

우산 속 달콤한 키스는
뜨거운 사랑의 메신저

한 쪽 어깨 적시던
하나의 우산에서
사랑이 피어났다

이별의 편지

매서운 바람에 실려 보낸
이별의 편지를 받았나요

불러도 대답 없이 냉랭하기에
통보의 글을 보냈어요

휘날리는 꽃잎들은 달콤한 말로
사랑의 편지를 보내옵니다

달달한 꿀벌이 웽웽 소리를 내며
우체부가 되었지만

보낸 이별 편지에 답장이 없어
저 멀리 휘날리는 벚꽃 잎에
아쉬움을 실려 보냅니다.

일어나자

일어나자
이제 일어나야지
허허벌판 차디찬 논밭에
너무 오래 묻혀 있었다

묻혀 지낸 기나긴 겨울
등 밑 축축하다 피득피득 얼어오고
야윈 가슴 얼음장보다 차다

일어나자
작은 짐승들도
허기지고 지친 몸 세워
봄노래 맞춰 춤을 춘다

일어나자
차디찬 가슴 아주 얼어붙기 전
야멸친 세상 어지러워
비틀거리더라도
봄날 새싹들처럼 일어나자

초록 여름

초록빛 물든 개울가
물 메기 누워있고
졸졸졸 흐르는 음악소리
산새들 나래 펴고
바람이 지휘한다

이끼 품은 바위
초록빛 얼굴 밀어
햇살 주워 담고
개구쟁이 개구리
냇가에서 노래한다

까만 밤은
폭죽같이 피어나고
알알이 피어나는 반딧불이
초록 속에 영롱하다

올해
여름밤은
비워진 마음속
달달하게 채워진다

태풍

가로수 아래 떨어지는
금빛 낙수
기다리는 농부의
굵은 주름 속의 간절함

오지 말라 밀어내는 이기심

애타는 속앓이의 이기심에
섧다 생각 마오
그대로 인해 행복하고
풍요로울 수 있음을
알고 있다오

한낮 작은 농부의 속앓이
그저 어여쁘다 품어 주고 가시어요
그대 커다란 가슴으로
촉촉함만 놓아두고 가시어요

다시 또 두 손 모아
그대를 기다릴 때 있으려니...

복사꽃 당신

구름 한 점 없는 하늘
복사꽃 같은 당신
홀로 소풍 가시나요
토라진 건가요
외로워진 건가요

옥빛 날개 입으시고
비단길 밟으며 가시어요
어깨 돌덩이 던져 버리고
꽃길로만 가소서

칠 흙보다 짙은 어둠일랑
동트는 언덕아래 묻으시고
이슬 같은 눈물 가시는 발자국에
송이송이 피게 하소서

어쩌라고

내 생각
내 마음
내 몸
넝마 주머니처럼 버려졌다

바싹 말라버린 낙엽 뒹굴어도
돌아보건만
무엇에 가려져
엉켜진 내 안의 함성 묵음 차단했을까

말라비틀어져
흔적 없이 사라지길 바랐던 건 아닌데
무엇을 향해
눈을 가리고
귀를 닫고
입을 닫았나

까칠한 생각 털어내고
선인장 가시 같던 마음 비워내어
야윈 몸뚱이엔 꽃향기 채워
노을 위에 걸터앉는다

돌고 있는 천장

뱅글 뱅글 뱅글 뱅글
별들은 번쩍번쩍 버번쩍
칠 흙 같은 어둠 속에 갇혔다

빛이 그리워
눈꺼풀 올려 보니
보이는 천장은 무섭게 돌고 돈다

돌아가는 눈앞 세상 두려워 감은 눈 속
또다시 별들은 쏟아지고
처절하게 비웃으며 빠르게 돌아간다

감은 눈 속에선 뱅그르르
이상한 나라의 폴이 되어
미지의 세계로 강제 소집으로 끌려간다

순수한 어린 나라의 탐험이면
가뿐히 따라가련만
혈관 속 주삿바늘이 현실이다

별이 아름다운 것은
돌지 않는 하늘에서 빛나야 하고
혈관 속 바늘이 없어야 한다

양촌리 커피

22구경 연탄구멍 위
쪽자에 설탕 넣어 휘 젓는
달고나

추억을 떠올리는 향기
그리움 가득 담아
찻잔에 담아낸
믹스 커피 한 잔

양촌리 커피 한 잔 부탁해요
한 잔에 백 원입니다
오가는 대화 속 이뤄진
부부만의 거래

투박하지 않은 찻잔 속
부어지는 뜨거운 물에
정겨운 사랑 한 스푼 넣어 건네는
고소하고 달콤한 추억 여행

아릿한 기억 속
달고나 향기
믹스 커피 한 잔의 행복

지독한 사랑

김경정

나는 물이고 싶어
너의 보석 같은 눈에서 흐르는
눈물이고 싶어
창밖에 조용히 내리는 빗물이고 싶어
너에게로 흘러가
머물지 않고 자꾸자꾸 너를 닮아가
네게 결국 보물이 될래
가장 먼저 생각나는 사람이 될래
지독한 사랑이 되고
삶의 불씨가 되어
너에게 한 발짝 더 다가갈래
나는 네게 무엇이라도 될래

요즘 나는

두꺼워져가는 고막
단짠의 늪에 빠진 혓바닥
새로운 계절에 나는 또 어디로

예민한 촉수를 숨기고
그래도 멈출 수 없기에
튀지 않는 인생으로
원만한 삶의 테두리에서 살고자
몸을 구부려 자신을 낮춘다
드디어 삶이 같이 놀자 하네

여름 손님

행여 오다 넘어질까
돌부리를 치우며
마당의 잡초를 뽑으며
노란 자스민 차를 준비하며 설렜지요

살얼음 동동 식혜와 꽃화채
모둠 백설기를 담아놓고
무엇을 좋아할지 몰라
고구마와 옥수수도 쪄놓았지요
손님이 오는 날 나는 분주하고
기다리는 마음은 달아오릅니다
너무 늦지 않게 오세요

꽃단장

여느 날과 다르게
화사하게 피고 싶은 날이 있다
뽀얀 얼굴에 색깔 있는 옷을 차려입고
구경을 가고 싶은 날이 있다

좋지도 나쁘지도 않은
일상의 리듬에 반기를 들어
오늘을 더 특별하게 해줄 외출에
여자는 3시간을 들여 단장한다

3시간도 안 돼서 돌아올지라도
오늘은 꼭 꽃이 되고 싶은 날이 있다

봄

언덕에서 내려다본
하얀 매화꽃은
온 동네 가득 수를 놓아
나도 모르게 감탄사를 자아내고

대금산 진달래가
분홍빛 군락을 이루어
봄 타는 아낙네의 맘을
곱게 물들인다

겨울을 이겨낸 자리마다
피어난 개나리 진달래
산속에 드문드문 눈에 들어와
반가움에 덜컥 악수를 청하고

그 자리 그대로
너무 아름다워
나도 따라 피었으니
내일 설령 꽃이 진대도
보내줄 수밖에

새

새는 왜 웃지 못하고 울기만 할까
눈을 감고 가만히
이름 모를 새의 울부짖음을 듣는다
석양 지는 하늘을 줄지어 날아가는
저 새들을 따라
나도 한 번 날아봤으면
듣는 이 많아도 목청껏 울어봤으면

알록달록 수컷 새가
힘들게 사랑을 구애한다
최선을 다해서
집도 짓고 새끼도 키우고
인간과 별반 다르지 않은 힘겨운 살이다

이유 없이 온 생명은 없다
장대비가 퍼붓는 날
내가 세상에 나온 날
나는 기억하지 못해도
부모가 기억하는 나는
작고 소중했을 것이다
훨훨 날아다닐 그 날을 꿈꾸며
오늘도 나는 기도한다
언젠가는 새가 웃게 될 날을

불면증

잠 못 이루는 자의 밤은
까맣다고 진짜 밤일까
폭발하는 심장은 번개처럼
지그재그 퍼즐이 되어
점점 더 뚜렷한 정신세계로 빠져든다
밤의 시간은 결코
낮과 같은 길이가 아니며
그 깊이 또한 헤아릴 수 없다
죽음보다 더한 괴로움은
노안과 낮잠을 선사해
다시금 불면의 시간과 동침한다

꽃

해마다 철 따라 꽃은 피어난다
결국 질 줄 알면서

그렇게 사람도 태어났다
더디고 고된 사람 되는 과정에도
우리 역시 한 시절을 살다가는
어리석고 가엾은 꽃
자신이 얼마나 향기롭고 고귀한 존재인지
알지도 못하고 지고 마는 안쓰러운 꽃

당신에게 나의 향기가
장미의 가시처럼 기억되진 않았을지
금방 시들어버리는 인색한 감정으로
울고 때 쓰진 않았을지 이제야 걱정이 된다
꽃처럼 아름다운 사람을 옆에 두고도
알아채지 못하는 사람들
그래서 홀로 외로워야 하는 운명을
달팽이처럼 이고 지는 사람들

저마다의 향기를 더해
더욱 풍부하고 매력적인 향수가 된 것처럼
우리의 삶도 잘 어울리며 살다가
훌훌 털어버리고 자유롭게 살다가

때가 되면 홀로 돌아가야 하는
자연스러운 일이기를
너무 슬퍼하지 말기를

오늘 피는 꽃이 제일 아름답다

안녕

하늘로 가버린 이
눈물로 불러보아도 대답 않네
맑았던 생전 모습
한 번 만이라고 볼 수 있다면 얼마나 좋을까
내 이름 불러주던 그 목소리 그리워
밤새 시름시름 앓아도
끝내 돌아오지 않네

무너진 가슴 위로 다시 또 무너져 내리고
끝도 없는 그리움과 슬픔의 똬리를 트네
사랑하는 이여
잠시만 안녕

중년

주름진 삶 속에
넘어온 고비마다
살며 애쓴 마디마다
통증이 곶감처럼 매달려있다

처마 밑 풍경소리 들으며
꾸벅꾸벅 졸고 있다
마음대로 되지 않는 몸뚱아리
쉬어가도 좋은 날이다

가슴에 물결 일던
애증 가득했던 기억
가시처럼 박힌 말들도
카스테라 같은 손길에
스스로를 허물지 몰랐던 날이다

찬란한 생명의 에너지
그 뒤안길을 서성인다
나이 들어 점점 희미해지며
중년의 어느 날을 살아내고 있을지
그때는 몰랐던 날이다

김경정

당신의 신발

먼지와 흙으로
더럽혀진 당신의 신발
좋은 신발은 좋은 곳으로
데려간다던데

다시 어제와 같은 하루
굳은살이 박이고
옷소매가 걷어지고
바지가랑이가 흙투성이가 되어야
당신의 하루는 끝이 난다

당신의 거칠어진 손만큼 먹먹한 인생
그러나 아직 따뜻한
당신의 손 당신의 마음
반짝이는 신발을 신을 수도 없고
더욱이 어울리지도 않는 삶
그렇게 흘러와버린 삶

아침이 오기 전에
당신의 흙 묻은 신발 닦아나야겠다
자신을 더럽혀
어디라도 데려다주는 신발처럼

우리 가족의 발이 되어 주는 당신
당신이 괜찮았으면
조금이라도 행복했으면 좋겠다

기도

나의 가늘고 흰 두 손으로
당신 위해 살 테니
대신 나를 속이지 말아요

삐쩍 마른 흰 다리로
기도를 하고 촛불을 켤 테니
나를 시험하지 말아줘요
나의 믿음을 저버리지 말아요

나를 불쌍히 여겨
나를 위하는 것처럼
당신의 욕심을 채우지 말아요

당신을 믿었던 최초의
순수한 눈물을 저버리지 말아요
내가 가진 모든 것을 드릴 테니
내가 닳아 없어져도 원망 않을 테니
부디 내게서 희망을 가져가지 말아요

혼자 살아갈 수 없는 사람의 운명
당신을 향한 기도를 멈출 수 없답니다

한겨울

추운 날 짚신 신고 걸어가는 자에게
털신을 내어 주고 싶은 것이 사람이다
벙어리장갑 하나씩 나눠 끼고
무엇이라도 줄 수 있어
기뻐하는 것이 사람이다

꽁꽁 언 손 주머니에 넣어 녹여주던
그 겨울밤은 참 따뜻했는데
군불 땐 방바닥에 들썩들썩
내 볼기짝이 익어가는 시골의 밤은
따뜻하다 못해 뜨거웠는데
겨울이 군밤처럼 타닥타닥 익어갈 때
겨울은 깊어가고 한 해는 저물어갔다

가을 기다림

빗방울에 꽃잎이 떨리듯
당신 볼 생각하면
혼자 나대는 가슴 어떡할까요

당신 만나기 위해 손꼽으며 기다릴 때
익어가는 은행나무 바라보며
거닐고 또 거닐었던 산책길에
지치지도 않고 그리움이
은행처럼 영글어 굴러다닙니다

가을 향기 따라 곧 오실 당신
먹음직스러운 새빨간 능금 하나 베어 물고
새콤달콤한 입맛 돌면 당신 온 줄 알 테니
갈대숲 어딘가에 넋 놓고 앉아 있는 나를 보거든
추녀라 기웃대지 말고 모른 척 지나가 주길

고양이

똑똑
배고픈 고양이가
주인집 낡은 문을 두드린다
누구요? 내다 본 주인은
기가 차서 밥을 내주고 말았다
옆집 친구가 아니라
고양이의 방문에
허 허 웃음으로 아침이 열렸다
무화과 열매가 따라 열렸다

이별 커피

너와 헤어지느라 다툴 때
마신 커피는 유난히 썼다
도둑맞은 내 맘 찾아왔지만
헤어지고 아무것도 남지 않았다
아! 헤이즐넛 향만도 못한 사람아
너와 마신 커피는 100잔이 넘어도
우린 고비를 넘지 못했다
우린 결국 이별했다

화

화를 낸다는 건
내 마음의 거울에 금이 가
제대로 비춰볼 수 없는 상태가 된 것이라오
마음에도 없는 말로
당신과의 사이를 벌려 놓고
다시 가까이 가기 위해
몇 배의 노력을 해야 하는
가성비 떨어지는 일이라오

화를 참는다는 건
좀 더 성숙한 마음이 되어
당신을 두고두고 볼 수 있는 일이라서
나중에 분명히 잘한 일이라고
스스로 칭찬할 일이라오
바람에 깃발이 휘날리듯
부대낀 내 맘도 잦아들어
팔짱끼고 맛있는 요리를
먹으러 갈 참이라오

화내지 않고 보면
당신도 나도
제법 괜찮은 사람이지 않소

끈질긴 것들

부질없는 기억들이 부대낄 때
시간은 이만큼이나 돌아앉았는데
마음은 그때로 돌아가 서성인다
이내 파도처럼 뜨거운 기운이 몰고 온
상처의 부스러기들을
눈물로 녹이고 한참이나 흘렀을까
이렇게 어리석은 마음이 딱하여
가엾은 나를 끌어안는다

아무도 돌이켜보지 않는 나의 삶
내가 원치 않는 방향으로 가는
삶의 모퉁이마다 세운 날은
갈수록 날카롭게 나를 겨냥 한다
너는 너만의 괴로움을 끌어안고
살아가는 것처럼
고문처럼 끈질기게 달라붙은
나의 괴로움은
결국 아무도 모르게
나의 잔해와 같이 사라지지라

항아리

눈물 콧물
다 쏟아 붓고 나면
다시 그리움의 항아리에
물이 차오른다

속상한 내 맘
괴로움 한 줄기
빗물 되어 나리면
뚱뚱한 항아리 배에 출렁
금세 항아리 다 차겠네

노화

흐릿해진 시력으로
보이지 않는 것이 많아졌지만
두 눈은 깊어지고 많은 것을 끌어안았다

엿가락 속 구멍처럼
내 뼈에 구멍이 생겨도
내 마음은 단단하게 여물었다

가 본 곳은 많아졌고
더 이상 갈 수 없는 곳은 더 많아졌다
반짝이는 밤도 뜨거운 밤도
미지근한 물 같은 밤으로 흐느적거렸다

어느 순간 당신이 나를 일부러
힘들게 하지 않았음을 알아버렸다
꽉 다문 턱에 힘이 빠지고
노여움과 받아들임의 엄격한 기준도
죽음 앞에서 무릎을 꿇었다

결국 나를 묶은 것은 나 자신뿐임을
당신을 용서하고 나를 용서하고 싶어졌다
희망 품은 가슴으로 삶에 발 담그고
한없이 질겨지고 싶어졌다

오늘의 선물

김지호

비는 아늑함을
바람은 흥겨움을
햇살은 평온함을
눈은 포근함을

댓가없이 주는 선물

사람이 아름다운 이유

모래알, 부서진 조개껍질
여린 살이 품고 품어
만들어낸 진주

빛나는 당신

오늘

슬픈 오늘
기쁜 오늘
무료한 오늘
즐거운 오늘
찢어진 오늘
꽉 찬 오늘
모여든 오늘이 만든
가장 빛나는 오늘

엄마의 손톱 때

엄마 등 뒤에서 실컷 쉬던 딸은
다듬어지는 나물이 쌓이는 게 보이자
그제야 엄마 따라
깨순을 손질한다

톡! 톡!
손톱으로 줄기를 떼어내고
연한 순을 봉지에 넣고
손을 씻었다.

내 손톱에는 나물 진물이 물들어
씻어지지 않았는데

엄마 손톱 밑에는
연하고 깨끗한
봄나물이 솟아났다

별

껄이라는 별이 있다

껄 하고 후회하면 더 빛나고
껄 하고 생각하면 더 커지며
껄껄 하고 울면 더 멀어지네

눈앞에 아른아른 잡히지도 않고
선명하게 가슴을 치는
가지고 싶은 그 별은

오늘도
멀어지지만 선명히 빛난다

화가

무지개 당신은
안돼 라는 말에
색을 하나씩 내려놓죠

흰색과 검정만이 당신을 칠해도

내려놓은 색은
여전히 당신을 사랑해서

바람을 느끼거나
노을과 꽃을 볼 때

틈이 생기면
그대에게 다가가

그대를 모네로 만듭니다

당신의 찬란한 세상은
여전히
그대를 사랑합니다

화려하지 않아도

화려함은
아늑함을
이기지 못하지

행복은 두려움의 꼬리를 달았다.

보이는 사실보다
일어나지 않은 생각은
행복에게 꼬리를 붙여 놓아요

깜깜한 밤이 별을 품으면
저의 두려움은 외로움을 껴안아요

몇 십 번이고
그 장면에 의미를 부여하여
떠올리니

쿵쿵, 심장으로 각성된 이 밤

내쉬는 숨에도 그대가 피어나
나타나는데

꿈인지 사실인지
사라질까 한참 두려워집니다

꽃을 선물할 수 있는 이유

내 마음에 내가 많으면
칼춤을 추는 말

나와 네가 함께 있으면
꽃밭이 된 말

심장

별이 빛나지 않아도
술에 취하지 않아도
말 하지 않아도
바다 위 고깃배는 빛나고
공기는 습하게 취했다

풀벌레와 파도가 대화 할 때
너와 나는 그곳에 녹았지
그곳은
내 심장에 녹아들었지

꽃과 나무와 당신

꽃은 도덕도 배우지 않았는데
서로 시샘하지 않고

나무는 수학도 배우지 않았는데
공간을 나누어 우거진다

언어를 배우지 않아도
존재만으로 아름다움을 이야기하며

음악을 배우지 않아도
세상을 노래하고

누가 시키지 않아도
지긋이 그대를 위로 한다

시절인연

그때 나를 웃게 한 사람
그때 나를 도와준 사람
그때 나를 위로한 사람
그때 나를 사랑한 사람
내게 필요해서
신이 주었던 그때의 선물

여름, 같이 놀까요?

구름은 강아지 엉덩이
빗방울은 또르르 수정구슬
따끈한 빵은 당신의 마음
바다는 꿈
파도는 붓
여름은 한바탕 놀 용기

파랗게 파랗게
머리끝까지 칠하면
반짝반짝
몽실몽실
꺄르르
당신 빛이 살아난다

기도

나의 삶은
자신의 욕망과 감정에 솔직하되
자연과 어우러지고
타인과 더불어 살게 하소서

흔함의 무게

잡초 나무 하늘 구름 생명
진리 선함 지혜 배려 효

모두가 알고 넘치는 말

흔함과 무게의 비례

솜사탕

그리움 한 스푼
마음에 담기면
뜨끈해지는 가슴에서
추억이 휘휘 감겨
만들어지는 커다란 솜사탕

달콤하게 먹어도
배 채우지 못하는데
공간만 가득 채워

비좁은 가슴에
쿡쿡
심장을 건든다

시작, 끝

보름달이 뜨기 위해 반달이 되듯
반달이 되어야 보름달이 되듯

상황은
명사로 쓰지만
동사로 굴러가요

나쁨도 좋아질 수 있고
좋음도 나빠질 수 있어서
흔들리는 한 줄기 오늘

그럼에도
굴러 갈
당신의 내일

엄마는 마법사

계란장조림 먹고 싶다 하면
다음날 뚝딱

벗어 논 옷가지 가지런히 척척
치우지 않은 것들은 자기 자리로

집안에서 일어나는 마법

봄, 꽃이 피다

하루하루 겨울을 담은
나는,
봄입니다

네모난 테이블

마주 본 네모난 테이블
가득 차 울컥거리는 음식들

흔들리는 시야에 멀미날까
꼭 다문 입술

용기 낸 한마디

오늘이 봄인가요?

삶의 행복

민원기

늘 푸른 잔디밭
백마를 탄 아이의 표정
행복과 만족감이 넘치고
충만한 에너지가 넘친다

태양을 좋아하는 해바라기
붉은 깃발 아래 아름답게
피어있다

순결한 도담* 아이
마냥 즐거운 모습이고
가정에는 평온하고
웃음이 끊이지 않는다

가족은 사랑을 나누며
서로의 존재를 확신한다
서로의 존재만으로 삶의
충만함이 느껴진다

따뜻하고 풍요로운 삶이다
그러니 앞날은 밝고 외롭지
않을 것이다

* 도담 - "도담하다"의 어근 도담은 순우리말로 "야무지고 탐스럽다"를 뜻한다.

지혜의 나침반

인간관계를 쌓는 데
두려움을 갖지 말아요
인간관계 속에서
즐겁게 살아가는 지혜가 더해져요
자신을 믿고 나아가요

방황해도 괜찮아요
바위산은 흔들리지 않는 것처럼
마음의 심지를 세우고
정신을 차리면 돼요

실패해도 괜찮아요
삶이 어찌 뜻대로만 되겠어요
어둠도
햇빛도
천둥과 번개 비바람도 있는 날들
자신이 가진 가능성을 믿어요

다시 앞으로 나가기를
두려워하지 마세요
성공도 실패도 삶의 한 과정
내 삶을 가꾸는 인생의 주인이 되어요

매화

매서운 추위 속에서도
꽃 피어나는 인내 강한 넌
화의로운* 자태로 봄을 알리는 전령사
빛나는 꽃봉오리 미소로 내 마음 사로잡네

일상을 화사하게 만들어주는
기품 있는 넌
회의감을 느낄 때 위로가 되는 친구
활짝 웃는 얼굴로 내게 인사하네

올해도 변함없이 피어나는
고결한 마음의 넌
선비의 절개로 날 취하게 하는
고마운 존재

고목에서 올라오는
여린 꽃망울 터지는 향기로운 소리
숨마저 멈추게 하는
눈보라 찬바람 견뎌낸
침묵하는 마음에 울려 퍼지는
하늘의 소리

* 화의로운 : 부처가 중생을 교화하기 위해 설한 가르침

봄 처녀

밤새 얼어붙었던 가슴 섶 풀어헤치고
훈훈한 숨 토해내며
힘차게 기지개를 켭니다

언 강물 위에 하얀 발목
적셔보니 이미 봄이 찾아와
이 몸
청아한 기운만을 받네요

얼었던 강물 녹아 마음 적시니
대지에 풀들 그 향기로 보답하고요

달빛 밤하늘 가득하고
들판에 꽃이 만개하니

꿈꾸는 부푼 처녀의 가슴 같아요

우리의 꿈으로 가는 길

꿈을 향한 여정은 쉽지 않지만
포기하지 않고 끝까지 걸어가요
때로는 지치고 힘들 때도 있지만
우린 항상 서로를 의지하며 가요

우리는 혼자가 아니에요
서로가 서로에게 힘이 돼요
함께라면 어떤 어려움이든 이겨내며
우리의 꿈을 이룰 수 있을 거예요

가끔은 길을 잃고 헤매기도 하지만
그럴 때마다 우린 다시 일어서요
실패는 성공의 어머니라는 말처럼
실패를 통해 배우며 성장하죠

우리의 꿈은 결코 삭지 않아요
큰 세상을 향해 나가요
어떤 어려움도 이겨낼 수 있어요
우리가 함께라면 무엇이든 가능해요

화엄사 풍경소리

산등성 품어 안은 침묵 속
처마 밑 청량한 풍경소리
노래하는 숲새 친구들
무량한 복을 누린다

마음자리 고요한 숲속
평안한 고승의 불경소리
울부짖는 사유의 영혼
어떤 욕망도 힘을 잃는 시간
그 완벽한 순간에 자신을 내맡겼다

부처의 행(修行)을 하는 도량
앉아 있는 그 자리가 깨달음의
장소인가
집착 없이 살아 숨 쉬는 것에
감사의 마음을 낸다

참마음으로 님의 가르침
진리에 눈 띄워
마음속 지혜 찾기
두 손 모아 발심한다
감로법(甘露法)* 인연 따라...

* 감로법 (甘露法):부처의 가르침을 한번 믿으면 끝없는 공덕과 이익을 얻음을 비유적으로 이르는 말.

난초

양질의 토양에서 자라나
우아한 꽃을 피우네
너의 향기 마치 동양의
신비로움 닮았다네

너의 청초한 아름다움
말로 표현하기 어려워
너의 향기로움 더해져
더욱 특별하다네

너의 꽃향기 산들바람
타고 불어오네
꽃을 피우기까지 기다릴 줄 아는
겸손함을 배울 수 있는

고고함과 함께 머무니
여린 꽃잎
너의 향이 그윽해 지네

내면의 평온함 채우기

기러기 연못을 지나가도 스치면 그뿐
연못은 기러기의 흔적을 남겨 두지 않는다 하고

바람이 불어와도 지나가고 나면
대숲은 소리를 남기지 않는다 하네

가면 가는 대로 오면 오는 대로
자연은 집착하거나 미련을 두지 않는다네

물같이 바람같이
강같이 구름같이
살다가 가라... 나옹선사 얘기했나

안개 같은 삶의 불확실성 걷어내고
안정감 느끼며 현재를 오롯이 즐길 수 있을까

삶의 들판에 찬바람이 몰아칠 때

현실의 무게에 구겨졌던 마음 슬며시
펴질 것 같은 내 마음의 평온함

삶의 향기 바람을 타고

아침 햇살이 창문을 비추어요
마음에도 따뜻한 빛이 스며드네요
새들의 지저귐 내 마음을 깨우고
자연의 아름다움 나를 미소 짓게 해요

손안에 쥔 커피 잔 하루를 시작하면
향긋한 향 기분 출렁이게 만들고
사랑하는 사람과 함께한 시간은
달콤한 향기로 기억 되겠죠

노을빛 물든 산자락 바라보며 산책하면
하루의 피로가 사라지는 것 같아요
밤하늘 별들은 내게 속삭이고
평온한 밤을 선물해 주어요

삶은 아름다운 향기로 가득 차
작은 일상에서도 행복을 찾을 수 있어요
매 순간을 소중히 여기며 살아가리라
다짐하면서 오늘도 미소 지어보아요

삶의 향기가 바람에 실려 오네요

코스모스

파란 하늘 솜털 구름
가을 햇살 몸 실어
찾아오는 당신

살랑살랑 스쳐가는 바람에
아름다웠던 기억의 저편
어깨춤 추며 온 당신

코끝에 스치는 그대의 향기
다정한 미소로 나를 안아줘
가슴 뛰게 하는 소중한 추억

그대와 함께하고 싶어요

국화

은은하게 퍼지는 당신의 하얀 미소
행복을 선사하는 소중한 당신

좋은 일이 있을 때 함께 기뻐해 주고
슬픈 일이 있으면 위로해 주는 당신

화사하게 미소 짓는 노란 당신이
눈길을 사로잡네요

화려한 꽃잎과 향기가 매력적인 당신
말로 표현할 수 없지만
마음으로 느껴지는 따뜻한 당신

당신의 그윽한 향기에 취한
꿀벌들 합창 소리 추억을 담아요

대나무

하늘 향해 뻗어 나간 초록 잎
그늘 아래 시원한 바람머리를 적시네
너의 마디마디 삶의 교훈담아
푸른 시간으로 마음을 닦는다

너의 강인한 생명력 희망을 주며
너의 곧은 대는 삶에 가르침을 주네
부지런히 땅속줄기 양분을 보내
후대 양성에 힘쓰네

시원하게 뻗은 줄기
일 년 내내 지지 않는 잎
지조와 절개의 상징이었나니

맑고 절개 굳은 너
천지의 도를 행할 군자가 본받을
품성 깊이 스며든다

정중동 깊은 하얀 침묵 속
대나무 숲 사이로 서걱 거리는
댓바람 소리가 내 마음을 일으키네

불굴의 의지

푸른 잎사귀, 늘 푸르른 그대
사계절 품고 있는 상록수여
봄의 따스한 햇살 아래
새싹은 피어나고, 생명의 춤을 추네

여름의 뜨거운 태양 아래
그늘을 드리워 주는 그대의 자태
무성한 잎사귀 사이로
바람은 속삭이며 지나가네

가을이 오면, 다른 나무들
황금빛으로 물들어 가지만
상록수여, 그대는 변함없이
푸르름을 지켜내는구나

겨울이 와도, 차가운 눈 속에서도
굳건히 서 있는 그대의 모습
희망의 상징으로
우리에게 용기를 주네

사계절 함께하는 상록수
변함없는 그대의 푸르름이
우리의 마음속에
영원히 남아 있으리라

아침 운동의 즐거움

이른 아침
맑은 공기, 시원한 바람
시야 가득 펼쳐지는 천혜의 자연환경
초록 융단자를 깔아놓은 잔디밭
빼어난 경관과 코스 레이아웃의
절묘한 조화

아~하!
탄성을 자아내기 충분하다

고원의 청량함 속
힐링 라운드를 만끽할 수 있는
골프로 시작하는 아침 운동은 상쾌하다

전투복 입고 필드에 서면 기분이 180도
리프레시 된 기분으로 필드에 나간다

일자로 곧게 뻗은 스트레이트 홀
프랙티스 스윙을 하며 몸을 풀고
스릴 넘치는 짜릿한 퍼팅과
한방을 날리는 멋진 드라이버샷이
기대된다

그린 위 잔디에 공이 굴러가는 자국이
멋진 그림을 그린다
땡그랑~

그 쾌감 짜릿하다
트레일 코스 따라 걸으며 자연을 만끽하고
운동 후 먹는 막걸리는 꿀맛!

몸과 마음을 건강하게 해주는
좋은 스포츠
골프를 통해 건강한 삶을 유지한다

오늘도 나이스 샷!

인생은 여행

인생이란 긴 여정의 시작점
생각대로 되지 않는 게 더 많지만
은은하게 빛나는 순간들이 있기에
여행을 떠나듯 삶을 살아가네

이른 아침
따사로운 햇볕을 받으며
자유로운 영혼들의 발자취를 따라가는
인생길에서
아름다움을 느끼게 할 것이네

우울한 산골짜기를 지나고
기쁨의 산봉우리를 넘어
슬픔의 강과
분노의 바다를 건너
생명의 최고봉에 올라
가장 아름다운 풍경을 감상할 수 있다네

인생을 살아가는 건 한 편의 영화 같아서
생각과 감정이 끊임없이 교차하는 과정
은하수처럼 아름다운 순간이 찾아오기도 하고
여행의 설렘을 안고

행복을 찾아 살아가네
생에서 죽음까지는 한 걸음의 차이인데
인생에서 가장 진귀한 보석
내려놓는 법을 배워
행복한 순간을 놓치지 않고 즐긴다네

등불 밝히는 스승

교실 창가 햇살이 스며들 때
스승의 눈빛 따뜻했네
묵묵히 걸어온 길 위에
제자들의 꿈을 심어주었네

칠판 가득한 글씨 속에
삶의 지혜 담아내고
질문 속에 숨어 있는 답을
함께 찾아가는 여정이었네

조용한 교실, 책상 위에
지혜의 등불 밝히는 스승
그의 눈빛 속에 담긴
수많은 별들이 반짝인다

때론 엄하게, 때론 부드럽게
그 손길 닿는 곳마다
스승의 가르침 마음에 새겨
희망의 씨앗이 자라났네

졸업의 순간이 다가올 때
제자들 아쉬움에 발걸음 멈추고

스승의 미소 속에서
새로운 길을 향한 용기 얻었네

시간이 흘러도 변치 않을
스승과 제자의 깊은 인연
그 가르침의 빛은 영원히
제자들 마음속에 빛나리라

비익조(比翼鳥)*

푸른 하늘 아래
비익조가 날아오르네
하나의 눈, 하나의 날개로
홀로 날 수 없는 운명

바람 속에서 서로를 찾아
하늘 끝까지 함께 날아가네
두 마음 하나가 되어
끝없이 하늘을 가르며

비익조의 날갯짓
사랑의 힘을 노래하고
어둠 속에서도 빛나는
영원한 동반자의 약속

하나의 몸이 되어
세상의 모든 풍파를 넘어
비익조는 우리에게 속삭이네
사랑은 함께할 때 완전하다고

* 비익조(比翼鳥)는 전설 속의 새로 암컷과 수컷이 각각 하나의 눈과 날개만을 가지고 있어 서로 짝을 이루어야만 하늘을 날 수 있다. 이 전설은 사랑과 협력의 상징이다.

월계수의 틀

그대가 겪고 세상이 함께 한
수많은 역사의 사건들
그 긴 여정이 당신의 세상을 만든 것

걷고 걸어도 끝나지 않는
세상 유영하고
고통도 아픔도 슬픔도 없이
그저 보라색 천을 몸에 휘감고
춤을 출 뿐

끝이 없어 무한히 고통스러운
것이 아니라
인생이라는 여정을 위로하는
평안한 곳

이젠 겸손으로 병온을
만끽할 시기
지난 서러운 몸짓 모두
내려놓고
세상을 바라본다

뫼비우스의 띠를 두른 그대
월계수의 틀로 새로운 날개를 펴리라

빼뽀쟁이

아스팔트 틈새 물결치듯
예측할 수 없는 환경에
자리 잡은 이름 모를 잡초

잘리고 밟혀도 죽지 않는
강한 생명력 자랑하는
경의로운 넌

어떤 어려움도 굴하지 않아
포기하지 않고 극복하는
너의 교훈

우리의 삶이 더욱 풍요로워지고
행복해질 것이야

* 빼뽀쟁이 : "질경이"의 방언

가을 풍경 속에서

하나 둘, 떨어지는 낙엽 속에서
고독이 내린 이 가을
당신을 그립니다
떨어지는 낙엽처럼
마음은 쓸쓸히 흩어집니다

산뜻한 바람
하늘은 맑고 푸른데
마음만은 차갑습니다
가을의 풍경 속에 그리움은
더욱 깊어집니다

낙엽이 춤추는 가을바람에
당신을 그립니다
쓸쓸한 공기 속에서
그대의 향기를 느낍니다

산등선 석양빛
은행잎 떨어져 가을이 오면
풀잎 사이로 스며드는 이슬에
당신을 그립니다.

가끔...

                                                서정우

가끔 나의 농장에 무심한
예쁜 여인이 홀연 다녀간다
여인은 그냥 지나는 버스다
먼지 매연까지 휘~익 뿌리니
오래된 안경이 서글프다

가끔 카 스토리에 떨어진 운석
가슴에 박혀버린 눈먼 섬광
여인은 번쩍 지 잘난 미모
마음 없이 눈길 손길 줄 듯도
얼쑥한 내 마음만 부질없네

가을 낙엽

툭 떨구어 내며
못내 잡지 못한 미련

바르르 떨며 눈물 마른
모성의 아우성

바람에 빌어
운구의 곡을 읊어댄다

그대를 꽃이라...

그대를 꽃이라 부를 터여요
그대의 이름은 여자
세상을 낳고도 세상의 고통을
여자란 이름으로 감내한
절반으로 받쳐 인 세상의 무게
역사의 굴곡진 질곡의 단어 여자...

이젠 그댈 꽃이라 개명하지요
나의 꽃 내 평생 가꾸어 야할 꽃
난 남자 그댄 꽃이어라

기다림

언제 어디서 올지
누군지도 모르지만
기다렸습니다

막연한 설렘은 잠시
지루한 쳇바퀴에
어설픈 윤활유였을까요

죽는 그날까지 못 올 줄
알지만 살며 마지막
끈을 걸쳐놓은 미련

이젠 나의 연못에
뜨락에 언약으로 피어날
그녀들을 기다릴 뿐이네요

꽃잎 떨어지던 날

몰래 지나던 바람 끝에
동여맨 설움 옷고름 풀어지듯
가누질 못해 흩날린 꽃잎들
차마 고운 숨결 보드라이 누벼

분홍 입술 멍울진 가슴에
채 추스릴 겨를조차 없이
임 밟고 떠난 자욱 저며저며
하이얀 꽃길로 수놓았네

낙화는...

하이얀 아즈라이 뒹구니
내 마음이 흐드러진다

미운 바람에 빼앗긴
첫 순정의 달콤한 언약

꿀맛이란 단비에 홀라당
내어준 순백의 언약

사월 여느 날 정신 줄
빼앗긴 눈앞이 하이얗다

너 땜에...

반백의 세월에 삭은 심장도
너 땜에 가끔 설레고 두근거린다
내 나이를 잊어버린다.

못난 삶의 지치고 서러운 회한도
너 땜에 잠시 세상은 멈추고
내 마음 부끄럼도 잊는다.

이런 내 마음 넌 모르니 참 좋지만
너 땜에 그래도 부끄러운 글을 쓰니
내 남은 여생도 철이 없나 보다.

능소화야!

모가지 그리 길어 슬픈
입술마저 길게 쭈욱
내밀면
하늘마저 서러워
바람조차 조심하더라

사내들 마음 니 입술
다 훔치고 싶거늘
난 이미 도둑이더라
넌 아랑곳 환장할 그 주홍
니 입술 이내 가슴 멍자욱이네...

당신

거기 당신인가요 !
아닌 줄 알지만 또
천분지 일 로또를
맞추는 늦은 밤
만 가지 행복의 찰나
그리도 그려본 당신...

거기 당신인가요 !
부질없는 마음에 또
꼬깃꼬깃 그리움
삭혀진 삼백예순날
바람에 잠시 실려 온
착각에 그려본 당신...

봄비

널 두고 간 겨울의 서러움이
눈물방울방울 벌거벗은
몸뚱아리를 씻어내네

얼어붙은 갖은 고초
부르켜 뒤엉킨 굳은 속살
천상의 숨결 호호 불어 대니

천년 감춰둔 속내의 기억
부끄럼 비집고 내민 고개
어미 젖줄 쪽쪽 빨아대네

봉숭아 숲

나에게 작은 숲 봉숭아 숲
저쪽 담장 끄트머리 개구녕 녘에
동심의 아지트 마냥 쫄망쫄망
계집스런 울긋불긋 봉망스럽다

지집애들 수다로 한층
봉긋봉긋 볼 바랜 수줍은 추억
영웅담 부풀려 첫사랑 이룬
순이의 손톱이 발그레스럽다

비

다소곳이 혼자 살짝
내려온 넌 누구니!

바람도 몰래 풀 잎사귀에
그리도 내려앉으면

지난밤 훌쩍 떠난 님
훔친 눈물 자욱 지워주네

소쩍소쩍...

꽃비 내리던 밤 몰래 훔친 눈물
진달래 멍울진 가슴 추스린 나날
바람에 가신 님 잡지 못해

달빛 숨어든 여린 풀 섶 골짝 녘에
눈물 마른 읍소를 읊조려대며
소쩍소쩍 고이 즈려 가시소서...

안개는 센스 쟁이

숲 호숫가에는 밤새
부끄러운 밀어가 쑥떡이고
민망한 몸짓으로 끈적이면

훔쳐보는 별빛 지가
쑥스러워 까만 밤 두근두근
푸른 밤빛으로 장막치고

심술 난 달빛 백주대낮인 양
초점 맞춰 백색 스크린 깔아
야한 동영상 찍어 대지만

동틀 녘 약속의 시간 그리도
맞대기 어색한 연민 은근슬쩍
안개는 무표정으로 덮어주네

접시꽃

접시 접시 알알이 담아내온
이루지 못한 연민의 그리움
접시 접시에 흘러넘친다

담아내지 못해 서러워
대접을 꿈꿔도 보았거늘
타고난 천성이 접시이어라

담 생에도 담아 가져갈 접시
얕아 넘쳐버린 당신의 사랑은
천년을 두고 이고 지고 낼 터여요

오~ 필승 코리아~

제국주의 참략이 구둣발에
찢겨지고 거들 난 나라

이념 공산 집단의 포화에
두 동강 폐허가 된 나라

천 번을 짓밟히고 잘리어도
꼿꼿이 지켜 일어선 나라

반세기 한강의 신화를 창조
지구촌 경제부국 건설한 나라

반도 손바닥 만한 한민족의 나라
초일류 강국 대한민국이어라~

아~대한민국 위대하여라

억척도 하구나
대륙의 동쪽 끄트머리
실오라기 한 가닥 붙들고
태평양 그 모진 쓰나미
폭풍 비바람에도
백두대간 등줄 곧추세워
꼿꼿이 대륙을 받쳐 인
오천 년 반도 한반도야!

모질고 모질구나
대륙의 갖은 수난 만행에도
한으로 풀어 즐기 엮은 혼
수 천 년 유전에 지켜낸 은
풀뿌리 지독한 천년만년
죽고 죽어도 민초로 다시 태어날
민족 한민족이어라!

지구촌 아리랑

한민족의 가슴에 응얼진 흥
산천계곡 물바람 소리에
피눈물 방울방울 가락으로
흘러 삼천리 아라리요
아리랑 고갯길로 엮어 놓았네

가시는 길 고되시거든
어처구니 없듯 한 내려 놓고
여긴들 저긴들 핏발 선 절규
틀어진 어깨 들썩들썩
아리 아라리요 풀어 놓으소서

아리 아리랑 아라리요
영혼인들 흥에 겨워 오천 년
DNA에 새겨 놓은 절제의 흥
K 바람 되어 지구촌 구석구석
지지않을 한류 꽃 피워 놓으소서

서정우

한... 한반도

시작이며 끝이다
우주의 점에서 시작된
빛으로 한반도에
뿌리내려 대륙을 엮어
받쳐 인 모태 대양의
디딤돌 숨이 시작된 곳

얼이 꿈틀대며
혼으로 잉태된 한얼
모진 역사의 굴레로
탯줄마저 나뒹굴어진
두 동강 난 반도의 땅
한이 숨 쉬며 다시 하나 될 땅

아~ 님이여...

가신님 조국을 고스란히 두고 가셨네
피범벅에 눈 감지 못한 한을
엄니 불런 목청에 매어 두고 가셨네

가신님 조국을 고스란히 품고 가셨네
포탄에 뒤엉킨 고향산천
엄니 지켜 내려 가슴에 품고 가셨네

가신님 조국을 온전히 지켜내셨네
청춘을 다 주고 사랑마저
총알에 다 쏟아 붓고 그렇게 지켜내셨네

*문득 내가 살아있는 이유네요...

|| 발행인의 말 ||

살아가는 것은 모두 햇살입니다

시인 · 발행인 **박선해**

    바람의 뒤를 따라 걷는 마음들이 서로의 삶에 통류로 흐른다면 얼마나 소중합니까. 바람의 위로를 함께 나눈다면 이 또한 얼마나 행복한 일입니까.

    여기, 그러한 마음들이 속삭임 하나로 한데 뭉쳤다 해요. 한편의 독백이 하나의 모습들이 되니 너무 풍경스러워 한 페이지 한 페이지 소중히 담아냅니다.

    다섯 손가락이 모여 서로의 얼굴에 꽃 한 송이씩 남기는 이 순간이 가장 아름다운 추억이 될 것입니다. 일평생 얼마니 감격이겠어요. 그 감격을 보듬고 열정적인 문운을 펼치는 가슴 속애 소금꽃 향기로 세상에 더욱 온화롭게 퍼져나가길 바랍니다. 축하드립니다.

마음들이 속삭이는 오솔길

초판1쇄 발행 2024년 10월 31일

지 은 이 이종순 · 김경정 · 김지호 · 민원기 · 서정우
펴 낸 이 박선해
펴 낸 곳 도서출판 신정
경상남도 김해시 우암로 36
010-3976-6785, alkong3355@naver.com

출판등록 김해, 사00008, 2020년 9월 22일

ISBN 979-11-92807-21-8 03810

정가 12,000원

* 저자의 의도에 따라 작품의 보조동사와 합성(=합성명사)어는 띄어쓰기나 방언에 따라 표현이(지역어 기타 등) 달라질 수가 있습니다.
* 이 책은 저작권법에 따라 보호받는 저작물이므로 무단전재와 무단복제를 금지하며, 이 책 내용의 전부 또는 일부 내용을 재사용하려면 사전에 저작권자와 도서출판 신정의 동의를 받아야 합니다.
* 잘못된 책은 교환해 드립니다.